ABDERRAHIM KAMAL

HOMO COPIENS

ESSAI SUR
LE « NOUVEAU JEUNE » ET LE SAVOIR

Dépôt légal : 2018MO5812
ISBN : 978-9920-36-871-1

Homo copiens

Essai sur
le « nouveau jeune » et le savoir

SOMMAIRE

En hommage à la Petite Poucette
de Michel Serres

PRÉAMBULE
NAISSANCE DE *L'HOMO COPIENS*?

« Le XXème siècle, disait Deleuze, a créé l'Homme endetté ». Il nous semble que le XXIème siècle, lui, a créé *l'homo copiens.*

A peine 20 ans après le lancement d'Internet à une échelle planétaire, la copie (de textes, d'images, de films, de sites même) est devenue, à côté de modes de partage de connaissances, de communication, d'information, voire de commercialisation, sinon une modalité légitime, du moins une pratique courante, presque innocentée.

Avec ce nouvel outil technologique qu'est l'Internet, on peut copier, télécharger, « aspirer » même des contenus de toute nature, de toute sorte et à volonté.

Le savoir n'y a pas échappé, naturellement.

Dans le champ de la recherche universitaire, le constat est alarmant, voire effrayant puisqu'il touche tous les pays : la recherche est remplacée par la copie : thèses, articles, ouvrages mêmes publiés et transformés en thèses. Les cas sont légion, il suffit de faire une recherche sur …internet pour prendre la mesure de l'ampleur du phénomène et des procès intentés ici et là pour délit de plagiat. Les plagiaires se reproduisent à une vitesse exponentielle et certaines universités européennes, telle l'Université de Genève, ont fait de la chasse à ce nouveau type de sorciers, une spécialité.

L'université marocaine n'est pas en reste : la pratique du plagiat « gagne » progressivement du terrain et affecte les moins soupçonnés : « réservée » aux étudiants de Licence depuis une dizaine d'années, elle commence à être visible dans les thèses de Doctorat. Pire, certains enseignants universitaires ne se gênent plus à s'approprier les travaux d'autres chercheurs dans d'autres continents (tablant curieusement sur l'éloignement géographique !) et parfois même de leur propre pays.

Se posent désormais des problèmes relatifs à la manipulation, production, réception et au statut de ce savoir disponible à tout moment et partout.

La problématique est donc multiple et complexe : éthique d'abord mais aussi scientifique et juridique. La pratique pandémique de la copie dans ses formes les plus diverses (allant du plagiat partiel au plagiat intégral) est- elle le signe de la *naissance d'un nouveau rapport au savoir*, d'un *nouvel homme* de « science » (auquel nous avons choisi de donner le nom d'*homo copiens*), rendant ainsi nécessaire la redéfinition des fonctions des Institutions du savoir et partant, des pratiques d'enseignement et de recherche ?

En observant bien les choses, l'on se rend compte que les raisons de cette pratique sont aussi historiques, sociales.

Quel rapport les jeunes élèves et étudiants marocains entretiennent-ils avec le savoir ? Quelle est la nature de ce rapport, ses aspects, ses substrats au présent et dans le passé ?

C'est la définition de ce qui fonde l'Être du jeune *homo copiens marocain* et à sa genèse que nous voudrions consacrer le présent essai.

Celui-ci est une réflexion d'observation et d'écoute d'un certain esprit du « Temps marocain ». Il voudrait tenter d'expliquer les postures de cet *homo copiens* : un homme, un jeune marocain qui a un rapport nouveau avec le Savoir, avec le monde (réel ou virtuel) et ceux qui le peuplent.

Les conclusions qu'il contient sont le fruit d'une empirie de trente années passées à l'université marocaine. La part du dialogue avec plusieurs « générations » de jeunes étudiants y est importante. À ma voix se mêle aussi la leur, même dans les constats les plus cruels et les plus désespérés.

Le lecteur trouvera certainement une certaine exagération de la proportion concernée par mon propos ; elle ne l'est nullement au vu du développement exponentiel des phénomènes pointés ici. Même si la quantification est aussi un des fondements du propos, certaines données chiffrées et quantifiées dans des rapports d'instances spécialisées ne sont pas référencées pour ne pas alourdir le texte.

L'essai repose principalement en effet sur un vécu, des vécus, des observations de tous les jours sur le lieu de travail, dans les productions des jeunes étudiants ou professeurs et dans la dynamique relationnelle entre tous les composants de l'acte d'éducation, d'enseignement et tous les composants de l'activité de recherche (encore boiteuse après plus de 60 ans d'indépendance !).

Enfin, ce texte peut être également lu comme des notes de lecture/écriture en marge et en hommage de/au *Petite poucette* de Michel Serres.

Contrairement à celui-ci, il mettra beaucoup de ses lecteurs, jeunes et moins jeunes mal à l'aise et en colère. J'assume ce malaise et cette colère ; surtout cette colère qui est le cri du constat d'échec qui touche plusieurs composants de l'Être marocain.

Ce cri de protestation attendu est déjà précédé par un autre cri : le mien, formulé depuis très longtemps mais renforcé par la vague dévastatrice du mauvais usage des nouvelles technologies d'information et de communication : la vague dévastatrice du Faux, de la Copie, du Plagiat.

Ce cri se joint donc à d'autres cris poussés depuis des décennies par d'autres enseignants, parce que justement les racines du mal remontent à plusieurs décennies.

Il s'agit ici de lancer une alerte concernant non seulement le *devenir du savoir* (dont le statut est déjà fragile et mineur au Maroc) dans nos écoles et dans nos universités mais aussi le *devenir de nos jeunes* réduits à des plagiaires, sans outils de réflexion, d'analyse, sans langage et sans éthique ; bientôt, à cause de l'emprise inéluctable et déterminante des nouvelles technologies de l'information et de la communication, ils copieront non seulement des textes, mais aussi des « êtres » eux-mêmes factices.

*

Une posture :
silence, prostration, cri :
retour du primate
anthropoïde ?

On ne peut pas ne pas le remarquer ; on le remarque et on le fait remarquer : là où l'on peut aller (cafés, trains, salles d'attente, chez soi, et même dans les salles de cours), une posture frappe : la tête inclinée, le dos courbé, muets, absorbés par une lumière blafarde, les enfants, les jeunes et les moins jeunes ont l'allure d'un primate anthropoïde à la cambrure si caractéristique, renouant ainsi avec une ère antérieure à *l'homo erectus*. Si vous essayez de les tirer de leur *silence « humanicide »*, ils vous jetteront une phrase ou plutôt un cri vous demandant de les « laisser tranquilles » ou, pour les plus polis, de les « laisser terminer » !!

Le jeune marocain et la jeune marocaine regardent, rêvent, projettent sur le petit écran de leur portable tous leurs *désirs*, tous leurs leurs *fantasmes*, leurs déceptions et leurs idéaux. Ils voient, suivent, entre autre, des stars de la chanson, des vedettes du cinéma ou du Stand'Up, des youtubers, nés et portés à la gloire en quelques semaines ou quelques mois. Ce sont maintenant des icônes et ces jeunes vissés à l'écran des nouvelles technologies de l'information et de la communication (PC portable, téléphone portable, tablette) voudraient eux aussi *devenir des icônes*. Peu importent le prix, les moyens et la durée.

Dans cette *fascination de l'écran*, le savoir a-t-il encore une place, un impact ? Dans ce nouveau culte de la célébrité à tout prix, le savoir paraît comme un fade outil pour gens « attardés », car il ne rend ni célèbre ni riche.

Alors, quel rapport ce jeune marocain, cette marocaine a avec le savoir ?

M. Serres dans sa *Petite poucette* (2012, Ed. Le Pommier) présente comme une libération l'accès illimité, dans le temps et dans l'espace, au savoir rendu possible par les Nouvelles technologies de l'information et de la communication : finie cette sacralisation du savoir et de son médiateur (l'enseignant, le savant, le « sachant »), finis l'immobilité et le silence forcés devant la parole de celui-ci. Avec ce nouvel outil, explique-t-il, le corps apprend en toute liberté.

Cela est partiellement vrai, car il faut aussi remarquer, non sans inquiétude, le retour de cette posture, d'un autre silence et d'une autre immobilité, primitivisants ceux-là.

L'image-idée du « corps-pilote » proposée par le philosophe, celle d'un sachant/apprenant qui commande, décide, construit lui-même son savoir, décrit, en fait, l'exception : un « pilote » rare : un apprenant exceptionnel.

Car, la question reste : ces nouveaux jeunes primates anthropoïdes apprennent-ils vraiment sur cet *écran-pathos* ?

Rarement, je dirai : tout leur être, on le verra, est tendu vers *l'immédiat*, le *présent oublieux. What's up ? Ach Kayane ?*

-A-

CYBER-ÊTRE

Multiculturalisme sans culture, multilinguisme sans langue

Le Marocain s'adapte comme il peut à la modernité (pratique, factuelle ; difficilement à l'idéelle) et, depuis les années 90, à la globalisation. Il se cherche toujours en tant que Culture, Valeurs, Projet dans le Temps de l'à-venir.

Le Marocain, le jeune des années 2000, habite tous les temps et fréquente toutes les cultures. Il parle parfois plusieurs langues mais n'en maîtrise aucune ; même la sienne propre (si l'on prend l'arabe classique comme repère). C'est pour cela qu'il ne pourra que rarement connaître, s'imprégner d'une autre culture. Il reste souvent à la surface : l'idée/ Valeur est rarement rattachée à la chose et à la pratique qui la manifestent.

Urbanité, Institutions, Nouvelles Technologies

Le jeune étudiant Marocain vient de partout : de la ville, de la campagne, de la montagne, mais aussi d'une longue et ancienne histoire, toujours présente.

Jusqu'aux années 80, 75% des marocains vivaient à la campagne, sur les montagnes, dans le désert. La ville, l'école, l'urbanité-citadinité, la technologie, les institutions de l'État étaient peu fréquentées.

En 2018, plus de 60% des marocains vivent dans des villes (ou plutôt des *presque-villes*), se sont familiarisés avec les *Institutions*, ont accédé aux *nouvelles technologies*, sous leurs formes « banalisées » (télévision, appareils électroménagers) ou sous leurs formes pointues (ordinateurs, téléphones portables, tablettes) qu'on appelle « nouvelles technologies d'information et de communication » (NTIC) et fréquentent l'école, le lycée, et pour certains, l'université.

La société marocaine a changé sans vraiment changer : l'urbanité précaire, la ruralisation (spontanée ou voulue) de la ville, l'usage dévié des Institutions et de la technologie, le rapport à l'école ont produit, durant les trente dernières années, un Marocain aux

« êtres » multiples et aux rapports tout aussi multiples avec les Institutions, le Temps, l'Espace, Autrui, soi-même et, bien naturellement, avec le Savoir.

VILLE RURALE :
ESPACE SCHIZOPHRÈNE

Le jeune Marocain habite la ville, mais une ville généralement peu citadine. 80% des villes marocaines sont des agglomérations hybrides où le tracé exact de la chaussée « fange » soudainement pour devenir boue, piste impraticable. Ses prédécesseurs immédiats, ses parents et surtout grands parents avaient le paysage net, cohérent, homogène : ou la campagne avec ses terres étendues, ses odeurs variant selon les saisons, ses animaux, ses maisons bâties par les mains mêmes de ceux qui les habitaient, pas loin d'un point d'eau ; ou la ville : « ville nouvelle » construites pendant le Protectorat, villes citadines à l'ordonnancement cartésien et à l'esthétique occidentale ; équivalent de la médina tout aussi structurée, labyrinthique mais organisée.

À la limite, le jeune Marocain d'aujourd'hui ne sait plus où il habite : entre citadinité, urbanité et ruralisation naturelle, il manœuvre comme il peut dans un espace schizophrène.

ASSALA CONTEMPORAINE :
SE RÉINVENTER AU QUOTIDIEN,
PLAGIER DES PARAÎTRES

Accroché à la fameuse « authenticité » marocaine (*Assala*), et essayant d'être contemporain, le jeune marocain se réinvente tous les jours : il s'improvise des postures d'un Autre dont il ne connaît que l'apparence, ou plutôt, le paraître : il imite, recycle, hybride, plagie des paraîtres.

Multiplicité, discontinuité, inconstance

L'on ne peut même pas, dans cet état des choses, parler de rupture(s) parce que ce rapport au monde, *ces* rapports au monde s'inscrivent plus dans la discontinuité, la variabilité (non fondée), l'erratisme (décisionnel) ; bref, l'inconstance. Ce jeune de 20 ans est dans l'éternelle transition, l'éternel transitoire.

Se déréaliser, se multiplier : le cyber espace-temps : le cyber-être

Mieux, ou pire, depuis une dizaine d'années il vit plus dans un cyber espace-temps qui l'éloigne chaque jour un peu plus de la *réalité*, des *autres* et de *lui-même*. A ces trois, il ne revient que pour « prendre », « rapter », « raffler » (en poussant, de temps à autre, un « cri de jeune »…) puis revenir à « son monde ».

Il se déréalise lui-même en se mirant dans un imaginaire virtuel, des relations virtuelles, un savoir immatériel dont il ne sait que faire, ni *comment le faire* ou l'assimiler pour en faire quelque chose ou en produire un autre.

Pragmatisme : « Nous sommes comme ça, parce que nous n'avons pas Basri dans le corps »

Pour lui, il n'y a de Mémoire/culture que de l'immédiat ; de l'immédiatement utilisable, transformable, traitable.

Sa culture a un fondement : le pragmatisme. Son impératif : régler les problèmes du présent et de préférence les siens propres, individuellement, égoïstement. Ses parents se chargent déjà -utopiquement- de régler les problèmes du passé. D'ailleurs, depuis qu'il est là, ce jeune n'a connu ni soulèvement populaire sanglant, ni exactions inhumaines en masse, ni peur viscérale devant la machine impitoyable d'un ministre de l'intérieur et d'un tabor sans état d'âme réduisant les contestataires au silence.

Une doctorante de 24 ans résume ainsi l'état d'esprit et la « constitution » du jeune Marocain et de la jeune Marocaine d'aujourd'hui : « Nous sommes comme ça parce que nous n'avons pas Basri dans le corps ! » Leurs enseignants, eux, avaient Basri dans le corps et l'ont encore dans une mémoire vive, ouverte comme une blessure. C'est pour cela qu'ils ne partagent pas avec leur descendance les mêmes « valeurs », à commencer par celle du Savoir.

UNIVERSALISME CYBERNÉTIQUE : CIVISME MONDIALISTE : SCHIZOPHRÉNIE STÉRILISANTE

Chose paradoxale : tout en revendiquant une certaine généalogie « authentique » et son corrélat éthique, un certain conservatisme folklorique (les rites symboliques liés à la foi, à la vie, à la mort, à l'union), ainsi que son corrélat politique, un certain nationalisme (qui ne les empêche pas de rêver, et de tout essayer pour quitter ce pays et cette terre qu'ils disent « déserts »), ces jeunes de 20-30 ans inscrivent leur corps, leur être dans un universalisme cybernétique et un civisme mondialiste : ils sont de toutes les causes, toutes les « actions-contre » et de toutes les « actions-pour » qui émergent ici et là sur la planète-Terre ou la planète-Toile. Ils se disent locaux et universaux, nationaux et mondiaux alors qu'ils ont peine à communiquer avec leurs proches, parfois/souvent avec eux-mêmes, alors qu'ils ont peine à aimer ce pays et à y rester.

Cette généalogie hybride produit une forme de schizophrénie parfois fertile, souvent stérilisante, car elle reste au seuil du mimétisme plat, bête, absurde.

Exemple : leur multilinguisme et leur multiculturalisme de surface. Pratiquant souvent plusieurs langues (schématiquement : l'arabe, le français et l'anglais ou l'espagnol), ils n'en maîtrisent aucune au point de n'en assimiler ni les règles, ni la culture qui les sous-tend. *L'oralité cache ce vide sans fond. L'écrit le dévoile*, le rend douloureusement voyant, flagrant ; se voulant citoyens du monde et de toutes les cultures dans le monde virtuel (celui des réseaux sociaux de communication), ils ont du mal à accepter l'étranger de couleur (le subsaharien) ou l'étranger « économiquement envahissant » (le chinois, le turc), l'européen lui, est admis par la force de l'Histoire qui a engendré cet indépassable sentiment d'infériorité : leur langage les trahit souvent.

PHILANTHROPIE CYBERNÉTIQUE/ XÉNOPHOBIE VISCÉRALE

Leur philanthropie cybernétique cache donc leur xénophobie viscérale, compulsive. Pour les « radicaux cachés » d'entre eux, une certaine compréhension-interprétation de la religion y rajoute en fermeté, voire en violence. Leur « monde mondial » (Serres, p.9) est fragmenté, contradictoire, à l'image de leur être, de leur langage, de leur culture ; à l'image de leur « savoir ».

Quel savoir et quel monde comprennent-ils, assimilent-ils, produisent-ils ? Une morale durable est-elle encore possible avec ces « occupants de l'éphémère », avec ces « êtres du virtuel » ?

DANS LA TOILE : RELATIVISME, DÉ-CONCENTRATION

Dans la Toile, dans le monde-Cyber, ils voient, touchent, arpentent d'autres espaces (pays, continents, galaxies) et d'autres Temps (historique, préhistorique, paléontologique, stellaire, galactique). Ils découvrent et vivent leur *relativité* et leur *insularité* microscopique.

Devant cette immensité et cet incommensurable de l'espace-temps, l'écran (télévision, ordinateur, tablette, téléphone portable) sert de moyen de délimitation, de cernage de l'espace-temps mais le flux et le discontinu du défilement (le mode *zapping* de la télévision, le mode *aléatoire* du défilement des sites, pages) produisent l'effet contraire : le *dé-cernage, le décadrage de l'attention* : le centre (fédérateur de la con-centration visuelle et mentale), le noyau organisateur des annaux, des strates de la compréhension-production et la structure-structuration du penser, se résorbent, s'effilochent, disparaissent.

L'ÉCRAN DU *PATHOS* : VITESSE, DÉSIR, APOCALYPSE, FRAGILITÉ, *NAKBA*

Que voient-ils, qu'apprennent-ils, que lisent-ils ces jeunes marocains dans cette Toile, sur cet écran ?

-Ils voient d'abord la vitesse de défilement : vitesse qui réduit considérablement la part du *logos* et de *l'ethos* mais pousse au paroxysme le *pathos*. Celui-ci engage moins d'effort, moins de compétences analytiques, critiques, herméneutiques et moins de positionnement ;

- Ils voient aussi *le désirable* (le libidinal) : *utopique*, cet ailleurs tant convoité ; *érotique* : ces corps tant nécessaires à l'accomplissement d'une dimension vitale du jeune corps/être ;

- Ils voient en direct, minute par minute, heure par heure, *la catastrophe en train de se produire* : ils voient une mer engloutir une ville, un corps se consumer dans les flammes, une terre se dérober sous les pieds des passants et les enterrer vivants ; bref ils voient la mort, la disparition soudaines et mesurent *la fragilité de l'existence*. Celle-ci n'est plus un récit improbable entendu par la bouche d'un « vieux » ; elle n'est plus une idée chantée lyriquement par un poète ou un aphorisme pensé par quelque philosophe. *La fragilité est un constat de tous les jours et de toutes les minutes* : tout peut disparaître à tout instant. Ces jeunes amoureux de la vie immédiate sont hantés malgré eux par la mort : « Autant vivre cet instant présent tel quel et prendre ce qu'il y a à prendre », se disent-ils intérieurement.

- Ils voient la *Nakba* (défaite et déception profondes après tant d'espoir) de ce monde dit « arabo-musulman » ; ils voient l'arabe-amazigh musulman vaincu, déchu, humilié tous les jours, toutes les minutes par les mains mêmes de ceux qui sont censés les élever (les leurs propres) ou par quelque envahisseur invincible venu de loin, armé des dernières technologies de « guerre chirurgicale ». Le soi-même « écranisé » est, depuis au moins deux décennies, ou *cadavre calciné* ou *corps ensanglanté*, errant, hébété, affamé, affolé, terrorisé (lui le terroriste attitré des médias de l'Occident).

- Ils voient aussi, dans les médias de cet invincible Autre, leur *image, leur être* rabaissés, salis, piétinés devant le silence complice de leurs décideurs, leurs ascendants immédiats : eux qui sont censés agir, contrer, corriger cette image surmédiatisée.

Blessés, déçus, amers, ils créent une autre généalogie.

GÉNÉALOGIE DÉTACHÉE : « TOUT EST JETABLE »

Les jeunes Marocains de vingt ans, c'est-à-dire ceux qui sont nés en même temps qu'Internet (mondialisé, 1989) présentent et représentent une autre généalogie : une généalogie qu'on peut qualifier de « détachée » : ils ont peu de liens avec « l'avant-eux » : leurs géniteurs immédiats, l'Histoire du pays de leur géniteurs, l'héritage-patrimoine : s'ils touchent à ce dernier, c'est pour le recycler, le reprendre, le dénaturer. C'est que la notion de *Capital durable* n'a pas de sens pour eux : il n'y a de Capital qu'éphémère, distractif, jetable : « tout est jetable », même les chansons, musiques, jeux, images, films par lesquels ils peuvent être momentanément fascinés.

C'est vraisemblablement pour cette raison qu'ils inventent et réinventent régulièrement leur langue, leur langage ; reviennent sporadiquement vers la langue des vieux pour en montrer l'absurdité, la vacuité, le ridicule et rarement pour s'y rattacher, y tisser des liens de continuité eux-mêmes éphémères ; bref, y tisser des liens d'appartenance paradoxaux, hybrides, contradictoires, schizophréniques.

DE NOUVELLES APPARTENANCES : ATTACHE SANS ATTACHEMENT

Le jeune Marocain et la jeune Marocaine, on l'a déjà dit, sont détachés, coupés de toute appartenance : ils appartiennent à ce qui leur *sert concrètement* : famille, couple, organisme social ou institutionnel. C'est pour cela qu'ils en changent souvent, ou plutôt, ils développent à leur égard, un *jeu pervers de l'appartenir-sans-appartenir* : aux parents ils sont *rattachés* (pécuniairement souvent) sans être attachés ; dans leur couple, ils ne sont pas dans le dévouement classique mais dans la stratégie rentable : le *remplaçable* -pour ne pas dire le jetable- se substitue à l'engagement ; dans le travail, la recherche de la stabilité n'est que de façade : c'est une source de recette régulière garant de recettes supplémentaires. *L'argent ne suffit pas ; il en faut toujours davantage* !

C'est aussi pour cela que ces jeunes sont dans le multiple, dans la multiplicité, dans la multiplication « productive ». Divisible à volonté, leur être ne sait plus se saisir que dans ce trait permanent de « l'utilitaire pour moi », de « l'efficace pour moi ».

L'engagement altruiste (politique, social, familial) est une utopie obsolète pour personnes niaises et ridicules. Les valeurs classiques (citoyennes, celles du vivre-ensemble) sont à redéfinir indéfiniment. Elles ne sont ni universelles, ni immuables pour ces jeunes même s'ils fréquentent cet espace incommensurable de l'Internet et qu'ils disent se sentir appartenir à une communauté planétaire ; même s'ils se disent « citoyen du monde ».

Les partis, les associations, les organismes nationaux et internationaux, ne savent plus contenir les jeunes de vingt ans. Ou plutôt, ces jeunes ne se reconnaissent plus dans ces structures d'un autre temps et d'une autre généalogie.

Des verbes comme « militer », « s'engager », souillés par les pratiques politiciennes des uns et des autres, se déclinent désormais selon des modes autres et se remplissent de contenus peu gratifiants. Le seul lien social valable pour lui, pour elle, c'est celui qui permet le « changement », même temporaire, même illusoire.

WHAT'S UP ? EVÉNEMENT/EVENT : LA VIE COMME DISTANCE IMPERSONNELLE : LE VIDE, LE SILENCE, LE RIEN

A la question « What's up ? » (dont la figure emblématique est l'application du même nom (*WhatsApp*) ou son équivalent marocain *Ach Kayane*), le jeune Marocain, la jeune Marocaine doit en permanence trouver matière à dire. Le *Vide*, le *Silence*, le *Rien* ça n'est pas lui ! Ça n'est pas elle ! Que se passe-t-il maintenant ? Immédiatement ? Il se passe ceci : suit un *selfie* dans les lieux les plus improbables ; un partage de posts sur les *events* (pour dire « événement ») les plus sordides ou les plus banales concernant une « star de l'éphémère » : dernières coiffures, derniers vêtements, dernières rencontres, etc. *L'Evénement c'est Tout ce qui peut passer dans un écran, c'est tout ce qui peut se produire devant une caméra : la banalité sans pensée, la vie devenue image, devenue écran* : nous y sommes sans y être ; c'est la vie devenue distance impersonnelle mais sous l'apparence, sous l'illusion du personnel, de l'égotisme. L'égotisme, le vrai, est un recentrement réfléchi, pensé sur le moi. Il s'inscrit dans une fondation (du) durable : ici il est sans fondement et sans profondeur : pur narcissisme factice, fait de reflets instantanés : narcissisme sans eau profonde, vite asséchée, vite absorbée par la chaleur du médium, pris lui-même dans la vitesse et l'infini des images, la vitesse et l'infini du *What's Up ?* : égotisme et narcissisme sans *libido* donc, sans jouissance ; juste un peu de plaisir.

Pour remplir l'urgence de l'Evénement, les jeunes Marocains se disent par images interposées et par quelques mots de balisage. Ils se mettent nus, parfois au sens littéral, n'hésitent pas à exposer leur corps et leur sexualité (sans amour) de façon crue, bestiale, parfois violente.

EXCÈS DE PRÉSENT (SANS PRÉSENCE) SUICIDE PERMANENT

Le filtre du montrable/non montrable, du privé/public, moral/immoral est à la fois serré et poreux, selon l'état d'âme du moment, l'éthique de l'instant et « l'Evénement marquant » de l'actualité. Le questionnement cela fait longtemps qu'il n'est plus de mise dans leur machine à traiter le monde, c'est-à-dire leur corps-âme-esprit. L'affect, nous l'avons déjà dit, conditionne désormais leur « pensée », leurs actes, leurs choix.

Tout est passion/dépassion chez eux.

Leurs « émotions » favorites ? La colère, la dérision, l'ironie (ce « sourire de la conscience », Jankélévitch) sans pensée consciente, rarement l'autodérision.

Sans le savoir, ces jeunes sont dans la destruction systématique ; ils sont dans l'autodestruction, le suicide.

À vouloir absolument être dans la vie, dans le présent, le *What's Up*, poussant l'excès du présent (sans présence), l'excès du maintenant, ils se retrouvent, paradoxalement et à leur insu, dans la mort. Détachés, coupés de la famille, de la relation, de l'Institution, de la Société, ils sont aussi détachés, *coupés du vivant*. Ils sont continûment dans l'immédiatement mort.

Rarement en colère contre eux-mêmes, ils sont systématiquement en colère contre les autres : dénigrer, crier est leur arme qui cache (mal) leur impuissance, leur irresponsabilité, leur désespoir.

Les médias, ou plutôt la vie à travers les nouveaux médias ont transformé l'Histoire en succession d'Events instantanés, toujours changeants. L'Histoire est devenue, par l'effet de la technique, une succession rapide de petites histoires, une narration ininterrompue de futilités.

GÉNÉRATION *#HAMZA*

S'ils ne croient plus à la chose politique, le jeune Marocain et la jeune marocaine ne croient plus aveuglément à la culture de l'Effort et encore moins à celle de la Reconnaissance. La loi du moindre effort, l'économie d'énergies, l'utilitaire immédiat, l'opportunité inattendue (en dialecte marocain, « *l'Hamza* »), avec l'acte prédateur qui lui est associé, le rapt, deviennent, à leurs yeux des postures légitimes pour affronter le-monde et ses nécessités.

Presque tout a muté en eux.

Ce nouveau Marocain est tout à la fois réaliste et pragmatique : pragmatique parce que chacun de ses actes doit « rapporter » : de préférence rapporter le plus avec le moins d'effort, le moins d'investissement possibles ; réaliste parce que la disparition soudaine de tout est une idée et un sentiment qui le hantent. Tout est voué à l'échec final, à l'apocalypse au Néant final.

LE DROIT AU FAUX : GENÈSE

Ce trait du jeune marocain explique sa violence (à l'égard des Institutions et de leurs représentants) et sa détermination à revendiquer haut et fort, sans gêne aucune, *son droit à la fraude* ; état d'esprit que résume cette phrase assassine dite par le jeune élève, le jeune étudiant, mais qui contient malheureusement une part de vérité : « Tout le monde dans ce pays triche, vole, pille, fraude depuis des générations. Pourquoi pas moi ?! »

Pire, il prend ce droit de force ; il se veut, se déclare irrespectueux, indigne. Il n'en ressent aucune honte. Cette effronterie est un symptôme du pire qui se prépare. Elle est surtout symptôme d'un certain effritement du sens éthique mais aussi ontologique.

Ce jeune n'a pas tort dans un certain sens : le pays a vécu des décennies entières de *faux*. Depuis un demi-siècle, il vit dans le Faux et le Semblant qui est la *vitrine du vrai*.

Les trente gouvernements successifs depuis l'indépendance, la dizaine de législatures qui ont rempli les 62 ans de vie politique de ce pays, n'ont cessé de promettre des avenirs qui n'ont pas vu le jour, d'ériger des lois qui ont été appliquées avec beaucoup de fantaisie ; ils n'ont cessé de concevoir et de copier des modèles de démocratie et de développement d'Europe et d'ailleurs en pratiquant les méthodes les moins citoyennes, les moins dignes, voire les plus méprisantes pour le marocain. Des promesses d'un à-venir toujours en attente. Périodiquement il y a un « Faux Avenir » qui est promis !!

C'est ainsi que le Faux est devenu pour le jeune Marocain d'aujourd'hui un droit et le Semblant une posture d'être.

Irrespect historique : quête de l'estime, quête du savoir

Ce jeune de vingt ans a beau ignorer (dans tous les sens du mot) l'histoire politique et sociale du pays, l'histoire de cette Institution du savoir, il sait par intuition le parcours rabaissant subi.

Il y a à faire effectivement une histoire, une sociologie et une anthropologie politiques de l'enseignement, de l'enseignant, du chercheur mais aussi de l'apprenant.

Ce jeune de vingt ans a beau se détacher de cette histoire, elle l'envahit par moment, le touche de temps à autres car ses géniteurs qui ont vécu, subi cette histoire de l'irrespect et les décideurs qui l'ont faite, continuent à leur être contemporains, agissant négativement ou passivement. Les nouvelles technologies lui offrent juste cette possibilité de retrait, de détachement, d'*isolement planétaire* : une possibilité de s'inscrire dans une histoire universelle, une communauté universelle lui offrant de *l'estime de soi*, du respect même virtuel, même illusoire. Il en vient à être de plus en plus convaincu que *seule l'illusion est réelle, seul le Faux est vrai* !

Mais s'il essaie de dépasser ces handicapes et d'apprendre malgré tout une question l'obsède : « Comment savoir ? ».

Dépassé par l'Histoire, dépassé par le savoir, dépassé par les flux qui l'assaillent de toute part (langues, images, textes, produits inimaginables il y a juste quelques années, etc.), il cherche en vain une solution à ses infirmités, ses défaillances : face au savoir, aucune stratégie d'apprentissage ne sert. Les enseignants eux, du moins ceux qui gardent encore la foi et le souci de la transmission du savoir, développent et essaient tour à tour toute sorte de pédagogie (interactive, par objectif, participative, ou encore des pédagogies de l'erreur ou des compétences, etc.) qui donnent peu de résultats et ne mènent nulle part dans la géographie chaque jour plus grande du savoir (cybernétique). C'est *à en croire que l'immensité du savoir disponible tue l'envie de savoir et qu'elle désarme un apprenant déjà sans armes (langue, savoir-faire)*. On le voit, on le sent désespéré ce jeune apprenant : « Comment savoir tout ça ? », se dit-il comme s'il s'agissait de quantité. À la fin, le corps gorgé de tous les flux informulés du passé et du présent, la question change : « A quoi bon savoir puisque tout est faux, tout est corrompu, tout est déjà dit ? »

Trop de savoir et trop de flux paralysent le jeune corps aux fonctions cognitives déjà diminuées.

HOMO COPIENS/ HOMO COLLECTOR : LA TÊTE DU « TOUT FAIT »

Il n'est donc pas nécessaire d'avoir « une tête bien pleine », et il n'est pas possible, dans les conditions décrites plus haut, d'avoir une « tête bien faite » : le ratage est presque originel ; il est, du moins, vieux : il remonte à quelques décennies et (d'un autre point de vue) à la première scolarité. Tout ce qu'ils *peuvent* avoir désormais la jeune étudiante et le jeune étudiant marocains c'est une tête du « Tout fait » : capable juste de traiter une sorte de *prêt-à-porter du savoir*. Ils peuvent juste collecter et apparier des données cybernétiques : arranger, combiner, associer, des surfaces, des sites, des voisinages. Ils peuvent créer des combinatoires de voisinages, juxtaposer des surfaces selon des logiques éphémères qui apparaissent et disparaissent. *L'homo collector* est ainsi né.

Avec cette tête du « tout fait », le questionnement, le creusement des idées, des objets sont impossibles.

Avec cette tête des *surfaces superficielles*, *l'homo copiens* se double de *l'homo collector* et commencent leur marche en piétinant les valeurs de l'intégrité, de l'originalité, de l'innovation ; ils mettent à mort la *passion*, *l'éthique du savoir* et la déontologie de la recherche académique.

Avec cette tête du « tout fait », ils peuvent tout juste user de *l'inventio* définie comme réarrangement d'un savoir multiple, discontinu déjà là. Bientôt apparaitra *le génie des arrangements* et réarrangements. L'apprenant, tel un automate, se désubjectivise, se dépersonnalise ; ou plutôt sa subjectivité et sa personnalité sont réduites à des émotions et plus précisément à des *émoticons*, eux-mêmes factices et empruntés : savoir impersonnel et sans implication, savoir sans imprégnation parce que sans effort et sans transpiration du corps. J'ai l'habitude de dire à mes étudiants que *l'inspiration* est d'abord et en définitive, *transpiration*. Il faut transpirer pour avoir une idée, la formuler, la creuser pour en faire quelque chose de valable et de pertinent. Ces jeunes étudiants d'aujourd'hui ne transpirent plus : ni de la tête, ni d'ailleurs.

Nous assistons à la fin du savoir ; du moins à la fin du savoir « classique ».

Les nouvelles technologies de l'information et de la communication ont-elles tué (vont-elles tuer définitivement) le savoir ?

- B -
CYBER-SAVOIR

LE MONDE DES JEUNES : EXCLUSION DES « VIEUX », DE LA MÉMOIRE, DE L'HISTOIRE

Autour du jeune Marocain vivent des jeunes comme lui. Ensemble, ils ont un monde, « leur monde », éphémère, codé ; ils entretiennent avec lui un commerce tout aussi codé, avec ses modes d'échange, ses « valeurs », ses conflits, ses « tribunaux », ses guerres mêmes.

Ces jeunes se sont brutalement (dans tous les sens) éloignés de leurs géniteurs et du monde des « vieux », du moins des « plus vieux ». En cette année 2018, la société marocaine est compose de 70% de jeunes qui ont moins de 30 ans. Etant donné la longévité au Maroc (une moyenne de 63 ans) leur fréquentation des « vieux » -passeurs potentiels de mémoire collective, d'histoire, de valeurs- ne dépassera pas une décennie, au plus, quinze.

C'est pour cela qu'ils partagent peu cette mémoire collective et cette Histoire qui ne les intéresse que par obligation scolaire (s'ils sont scolarisés, bien entendu).

MÉMOIRE DU PRÉSENT, HISTOIRE DU MAINTENANT

De l'Histoire de leur pays, ils ne savent et ne se souviennent que (de) quelques bribes, glanées çà et là au gré de leur aléatoire navigation cybernétique. De cette mémoire, ils ne fixent rien.

Ils ne fixent rien parce que *cette mémoire ne les concerne pas* ; ou plutôt : ils ne se sentent pas concernés par elle. Ce qui les intéresse, les interpelle, les préoccupe c'est le *Présent*, le *Maintenant*, *l'Immédiat*. Et de toute façon, ils n'y peuvent rien. Ils sont sous l'emprise des nouveaux modes de « vivre », « communiquer », « penser », « agir ». L'empire des médias et de la *surmédiatisation de l'éphémère* organise leur Etre dans des réseaux dits sociaux, immatériels et factices.

Ils vivent dans le virtuel et fréquentent ces « identités » multiples et hors espace-temps physique

plus qu'ils ne fréquentent leurs parents, leur famille,
leur « environnement ».

MÉMOIRE DES VIEUX : ESPOIR, DÉCEPTION, NOSTALGIE, RÉSIGNATION

Les parents et grands-parents de ce jeune Marocain
ont, eux, vécu entre deux périodes (Protectorat
français et Indépendance) et trois règnes (Mohamed
V, Hassan II et Mohamed VI). Leur mémoire ? Elle
est faite d'histoires nostalgiques, de récits coloniaux
faits de bravoure anticoloniale et de Résistance mais
aussi de polars de trahison ; elle est faite de chants
enfiévrés et enthousiastes d'Indépendance et de rêves
bâtisseurs d'impossible vite déçus mais à chaque fois
revivifiés pour être déçus encore et encore. Pour ces
« vieux », le Maroc avance et recule incrustant
définitivement dans leur corps, dans leur chair, le
sentiment *d'immobilisme* et l'acceptant définitivement
comme fatalité, comme destin. Pour ces « vieux »,
« résignation » est leur façon d'être.

Quelques dates douloureuses (1965, 1973, 1981,
1984, 1990) finiront par avoir raison de leurs élans
d'espoir. Ils vivent depuis longtemps déchirés entre
nostalgie, espérance, résignation et indifférence.

À QUOI BON SAVOIR L'HISTOIRE ?

Avec ces « vieux », les jeunes ne partagent ni
mémoire ni état d'âme. Après tout, à quoi cela
mènerait de connaître ces récits d'un autre âge ? A
quoi bon savoir qui est Zerktouni, Bouhmara,
Tazmamart, Khattabi ou encore l'histoire de la Grande
mosquée de Casablanca ? À quoi servirait de « revenir
sur » un Temps ou un événement qui n'est plus ?!

Pour ces jeunes, seul le présent compte et seul ce
qu'ils peuvent « en tirer » les intéresse.

À quoi bon savoir ?

L'ÉCOLE : UN ENSEIGNEMENT SANS LOI, UN ENSEIGNANT SANS FOI : LA DÉMISSION MORALE

Ces jeunes n'ont pas le même Etre que leurs géniteurs. Entre eux il y a une rupture invisible et insoluble.

Ils ne peuvent donc plus connaître de la même manière. Ils ne peuvent plus avoir le même rapport au savoir. Ces jeunes ne peuvent plus et ne veulent plus apprendre de la même manière que leurs géniteurs.

Les structures classiques de l'enseignement/apprentissage sont-elles adaptées à ce nouvel être ?

On peut reprendre les trois questions formulées par M. Serres à ce propos : « Que transmettre ? A qui transmettre ? Comment transmettre ? » (M.Serres, p.18)

Mais d'abord où transmettre ?

L'enfant marocain, comme tous les enfants du monde, de tous les pays de la planète, apprend à lire, écrire, compter et vraisemblablement réfléchir dans une classe composée d'un certain nombre d'élèves (allant, selon la « richesse » du pays de 8 à 80) et animée par un formateur/formatrice appelé(e) instituteur/ institutrice ou encore professeur(e) des écoles. Leur nombre varie également selon la ville, le quartier et l'établissement (public ou privé).

Au Maroc, la classe peut, dans certains douars lointains, être composée de plusieurs niveaux. Le formateur/formatrice, médiateur du savoir, doit donc user de toute son intelligence pédagogique pour accomplir convenablement sa mission. Généralement, il jette l'éponge au bout de quelques mois (quelques années pour les plus volontaristes d'entre eux) en *démissionnant réellement ou moralement.*

Le médiateur du savoir perd la foi en le savoir : son quotidien fait de manque, d'humiliation, de misère morale est, lui-même une *mise en doute pratique* de la nécessité et de l'utilité du savoir. Le scepticisme et la déception rongent désormais son être.

Corps enseignant :
« Nous n'avons pas le même corps » moral

Devenus eux-mêmes enseignants, ces jeunes renforcent ce sentiment de détachement (identitaire), et la légitimité d'un pragmatisme sans état d'âme, enfantant, ensemble, un être-dans-le-monde fondé sur le *non-fondement*, c'est-à-dire l'éphémère, le temporaire, l'utilitaire. Le rapport au Savoir n'y échappe pas.

« Ils n'ont pas le même corps ni la même conduite » (M.Serres, *PP*, p.9) ni la même morale : le monde autour d'eux (le monde global et planétaire des nouveaux médias dans lesquels ils vivent) change en permanence et à une vitesse immaîtrisable : leur morale suit : elle change aussi, s'adapte : nouvel instinct de survie.

L'université :
du scepticisme à la pratique du Faux

Ce scepticisme il l'avait déjà en lui, étant étudiant : il avait beau changer d'espace, de structure (d'organisation de la formation et des relations « sociales »), son regard critique et sceptique sur le savoir était déjà là : entre une formation chaotique aux contenus désarticulés ; des enseignants-chercheurs, pour une partie, démissionnaires[1] et un quotidien faits

---

[1] La démission morale de certains enseignants-chercheurs est faite d'un mélange explosif composé de :

- *Désillusion* : l'idée d'un certain statut du savoir et de l'universitaire (éclaireur et faiseur d'idées, de valeurs) est vite brisée par un social cruel à l'égard de l'enseignant en général ;

- *Amertume* : l'impossibilité de faire un enseignement universitaire digne de ce nom et de la recherche dans des cadres de recherche structurée, valorisés, appuyés matériellement et symboliquement ;

d'adversités diverses ; un social fait d'inégalités criantes, d'injustices voulues et irréductibles et de fermetures de tout possible, l'étudiant passe à la phase supérieure : celle non pas du soupçon ou du désengagement mais celle que légitime un certain « instinct de vie sociale »[2] : la phase du faux et de l'opportunisme (en dialecte marocain : *l'hamza*). « Puisque tout est faux, se dit le jeune étudiant, allons jusqu'au bout du faux ». Il s'arroge ainsi un « droit » qu'il voit acquis par ceux qui n'en ont même pas besoin. Il imite une posture. Il lutte. « Il milite » à sa manière !

LE TITRE SANS LE LIVRE : L'IRRECEVABLE SAVOIR

Dans ce contexte, l'étudiant est donc un semblant d'étudiant (tout comme l'enseignant-chercheur est un semblant d'enseignant-chercheur) : le savoir est le dernier de ses soucis. Son premier souci est « avoir un titre universitaire », un diplôme, un « titre de protestation légitime « Est-il mérité ? Est-il fondé sur du savoir et des compétences ? Ce n'est pas son problème. C'est le problème de l'État qui doit lui assurer un équivalent concret, matériel, monnayable : un emploi.

Le savoir est inutile tout comme son véhicule le plus sûr : le livre. D'ailleurs pendant ses études, la bibliothèque n'est pas son espace préféré (il n'est pas

---

- *Besoin matériel* : cette image négative de soi causée par cette impossibilité de s'accomplir en tant qu'universitaire est appuyée par une sorte de « déclassement salarial » (par rapport aux autres cadres supérieurs) le privant ainsi de cette aisance nécessaire pour accomplir une tâche toute immatérielle : le ligotant ainsi par/ dans ces besoins « physiologiques » et de sécurité ;

[2] Instinct nourri par un environnement politico-social peu favorable et manquant grandement de crédibilité.

non plus le préféré des professeurs) : les chiffres des conservateurs de bibliothèque universitaire sont effarants : le taux d'usage des livres a fait une chute vertigineuse pendant les trois dernières décennies : en 2018, le taux d'usage des titres disponibles sur les rayons de l'une des bibliothèques universitaires que je connais/fréquente ne dépasse pas 5% du fonds. Il s'agit donc bien entendu de titres en rapport avec quelques rares enseignements assurés[3] par quelques rares enseignants encore « mordus » du livre et qui portent en eux la passion du savoir.

En plus, il y a maintenant Internet : un savoir disponible *partout* et *à tout moment*. Il suffit d'avoir un PC portable ou un Smartphone.

Question : Le savoir est disponible à volonté mais est-il pour autant transmis ? Plus précisément, est-il recevable ?

La réponse est nette comme le jour : le savoir est là mais irrecevable !!

Pourquoi ?

L'outil, le canal et les mécanismes de la réception sont « endommagés », « bloqués ».

L'ILLUSION (DE L') UNIVERSITAIRE : FAUX ÉTUDIANT, FAUX ENSEIGNANT ?

Que lui reste-t-il comme potentiel avec ces infirmités approfondies par des défaillances et manquements du corps enseignant ; que lui reste-t-il avec ces failles du système de formation lui-même, son architecture claudicante, ses contenus, ses objectifs et ses modalités d'évaluation flous, approximatifs.

---

[3] Remarque banale mais symptomatique : sur les descriptifs des cours, il est de plus en plus rare de trouver une bibliographie même indicative ; encore faut-il que l'on se donne la peine de concevoir un descriptif en bonne et due forme, définissant les contenus, les objectifs généraux et spécifiques dudit enseignement !

Il lui reste *l'illusion du profil universitaire*, l'illusion des compétences universitaires et l'illusion du mérite universitaire. Illusions dont il a conscience mais qu'il ne peut dépasser.

Faux étudiant[4] commerçant avec de faux enseignants universitaires puisque la grande majorité de ceux-ci s'est rebattue sur des semblants de cours universitaires, dictant parfois de maigres notes glanées sur Internet, sans problématique unifiante, sans questionnement d'ordre méthodologique, sans problématisation théorique. Certains n'hésitent pas à plagier des cours, des articles des ouvrages voire des thèses !

Que reste-t-il à ces infirmes de la pensée sinon « se débrouiller » : c'est-à-dire copier, plagier.

SÉRENDIPITÉ *VS* DISPOSITIONS

M. Serres voit dans la sérendipité de Boucicault la clé du savoir et plus précisément du nouveau rapport au savoir ; davantage : il y voit le moteur d'une nouvelle inventivité définie comme *jeu*, comme *rencontre fortuite* et comme *hasard créatif.*

Pour lui, la jonction autour d'un mot, d'un terme, d'un thème de plusieurs savoirs relevant d'une multitude de champs disciplinaires, décloisonne le savoir et l'ouvre sur l'inattendu ; pour lui, le passage d'un savoir « carré », classé, ordonné, fermé à un savoir ouvert, disparate qui se recompose comme mosaïque, comme kaléidoscope et comme marqueterie, est une chance et une possibilité pleine.

---

[4] Depuis une dizaine d'années au moins, le constat est alarmant et peu explicable : plus de 60% des étudiants qui s'inscrivent chaque année, n'assistent pas aux cours et ne passent pas les examens de fin de semestre ! Faux étudiants, probablement faux salariés puisque, pour ceux qui arrivent à trouver un emploi, ils ne sont pas déclarés officiellement aux services concernés.

L'apprenant, selon lui, par une « intuition sérendipitine » arrive toujours à des résultats non visés mais rencontrés.

Cela est possible, mais encore faut-il que cette nouvelle rationalité offerte soit accueillie par des compétences intellectuelles capables de produire et non de reproduire.

Cette stratégie cognitive a un nom, une conceptualisation, une théorie dans le domaine de l'art moderne et contemporain tous fondés sur le principe du hasard : un hasard conditionné par les mouvements de la matière traitée par l'artiste (bois, pierre, pâte, liquides, etc.).

La rationalité scientifique, elle, je pense, a besoin de dispositions autres que celles de l'exploitation des voisinages, juxtapositions de segments d'espace-temps. La topographie de la Toile cybernétique offre un seul avantage (à côté de celui de rendre disponibles des documents) : celui de suggérer des mises en rapport (d'objets, de champs, de sciences, de notions, etc.) auxquels nous n'avons pas préalablement pensé. Mais ce pouvoir de suggestion est vain s'il n'y a pas une visée et des compétences. Cette sérendipité féconde pour certains, est plutôt stérilisante pour un apprenant pressé qui souffre des infirmités vues plus haut et qui empêchent toute pensée abstractive-conceptualisatrice : critique, analytique, dialectique, piliers de *la recherche comme dépassement* et donc moteur de l'innovation.

SCIENCE DU PLAGIAT, ART DE L'ESCAMOTAGE ET DE LA MOSAÏQUE : MONSTRATION *VS* DÉMONSTRATION

Se développe ainsi chez ces nouveaux « diables du savoir » une *Science* du gommage (et) du plagiat et un *art* du camouflage et de l'illusion du savoir.

Quelques exemples vécus.

Cette année 2018, on m'a soumis une thèse de doctorat. Il s'agit d'un tour de force unique dans son genre : une concaténation de textes plus ou moins longs appartenant à des sites, des auteurs, des textes voire des champs multiples et divers, mis bout à bout mais gardant une cohérence et une continuité relative.

Cette thèse est une véritable pièce d'art : art de la *mosaïque* ou du *patchwork* transposé dans le domaine de la recherche et de l'écriture académiques et plus précisément du « plagiat académique » : lesdits textes sont de qualité et de sources diverses : articles de spécialité, thèses, résumés de thèses, quatrièmes de couverture, notes de présentations d'ouvrages sur des sites commerciaux, blogs d'amateurs, revues spécialisés ou généralistes, ouvrages numérisés, paragraphes tronqués, phrases solitaires prélevés au grès du déploiement momentané d'un mot, d'un terme, d'un nom.

En lisant, nous « naviguons » de façon erratique mais coordonnée, momentanément unifiée ; nous « zappons » dans une continuité ténue, cachée, souterraine : véritable science et véritable art car le texte garde une certaine cohérence et une certaine cohésion qui créent (presque) parfaitement l'illusion d'un texte personnel (original ?).

Ce « presque » qui dévoile/ trahit la supercherie se situe dans des « détails » : connecteurs et liens incompréhensibles, logique de l'argumentation, incompatibilité des concepts, contradiction entre les résultats partiels, dérives méthodologique, mélanges de registres terminologiques, mélanges de niveaux de langue (en gros : journalistique, académique, subjectif, etc.). Au bout de la lecture-navigation on se rend compte que l'on est dans de la simple *monstration*, jamais dans la *démonstration*.

Le chercheur est remplacé par l'artiste combinateur, l'artiste juxta-poseur. Il joue sur le subliminal associationniste ; il joue surtout sur la démotivation et la *fatigue morale* du lecteur-examinateur.

Autre exemple : on m'a soumis récemment un dossier d'Habilitation. Les trois quarts des textes qui composent le dossier sont plagiés (articles, cours, séminaires, communications).[5]

Autre exemple encore : un collègue à qui on a soumis un dossier d'Habilitation a eu la surprise de découvrir que la totalité des textes présentés (articles, cours et communication) est plagiée ; pire la synthèse même du dossier qui est censée être personnelle parce qu'en rapport avec le parcours personnel du candidat a été, elle aussi, entièrement plagiée !

Enfin, un collègue de la Faculté des Lettres de M..., lors de l'examen d'un dossier d'Habilitation universitaire a eu la surprise de découvrir que la thèse qui constitue le premier élément de base dudit dossier d'habilitation est un pur plagiat d'un livre publié par une de ses amies et collègues tunisiennes !!
Les exemples sont légion !

Ce nouveau « genre » d'universitaire (étudiant et enseignant-chercheur) a peut-être une autre conception du savoir, une autre morale ! Il a certainement aussi ses raisons d'agir. Mais, à notre sens, la raison n'est pas la légitimité.
Prenons un peu de distance et posons une autre question :
Un nouveau cerveau qui mime parfaitement le fonctionnement de la machine cybernétique (Internet) est-il en train de se constituer ?

---

[5] Pour dire les choses avec un peu d'humour, depuis que le Ministère a ouvert les candidatures à l'Habilitation universitaire (même si le texte de loi cadre existe depuis 1997) et l'instauration de la promotion sur dossier du grade de Professeur Habilité à Professeur de l'Enseignement Supérieur, trois maladies ont affecté le corps-enseignant : la « *cévétite* » (la maladie du CV à remplir de tout et de rien), la « *colloquite* » (la participation à toute sorte de colloque même loin de la spécialité du candidat) et « *l'attestite* » (il y a une demande considérable d'attestations de véridiction; le problème est qu'il y a aussi prolifération de « fausses véridictions »).

Il s'agirait d'un cerveau qui fonctionne par « regroupement de voisinages sémantiques » : devant une entrée donnée de recherche, un moteur de recherche propose des matières dont le fil conducteur réunit des champs voisins sur la Toile mais qui peuvent être inarticulables dans *le penser*.

Le chercheur est-il devenu un « artisan apparieur-associateur », ou, très rarement, un « artiste compositeur ».

MUTATIONS : EXEMPLES

On pourrait parler, chez l'apprenant marocain, d'une mutation des fonctions cognitives déjà atteintes, pendant son cursus primaire et secondaire, de graves défaillances.

Il y a quelques mois, une jeune étudiante est venue me voir choquée, horrifiée : le directeur de son mémoire de Master venait de refuser son rendu. S'expliquant, elle jurait avoir fait une bonne recherche !

En posant quelques questions d'ordre méthodologique je compris enfin ce qu'elle entendait par recherche. Effectivement, pour elle, faire une recherche, c'est faire une recherche documentaire sur la Toile et dans les livres, repérer des pages et des passages en rapport avec son « sujet de recherche », les recopier tels quels en les classant par groupement thématique ! Elle pleurait à chaudes larmes en expliquant qu'elle avait passé plusieurs semaines à chercher les textes qui « composent » son mémoire ; textes qu'elle avait pris soin de présenter et de mettre les uns à la suite des autres selon un plan qu'elle avait établi, souligne-t-elle, « d'un commun accord avec [son] directeur »!

Cet incident m'a rappelé une pratique scolaire des années 90 (je ne sais si elle continue d'exister): certains enseignants du primaire demandaient à leurs élèves, dans le cadre des devoirs à domicile, d'apporter, généralement le lendemain, une recherche documentaire sur un sujet donné. Pour la réaliser, les élèves s'adressaient systématiquement au lieu-tenant du cybercafé le plus proche ; lequel cyber-cafiste effectuait la tâche en tant que « frais d'impression » de document et se faisait payer en conséquence.

Il y a donc une logique des choses et des liens de cause à effets.

Il faut dire que l'aveu naïf de cette jeune mastérisante est plutôt rare ; la majorité des étudiants sait que chercher n'est pas copier et que *produire* n'est pas *reproduire*, mais elle n'a pas les moyens de dépasser ce handicap. *L'illégitime légitimé est enfant de l'impuissance.*

Cet incident est symptomatique. La maladie est grave car le symptôme de l'incompétence et de l'impuissance s'associe à plus grave : *légitimer l'illégitime.*

« PUISQUE TOUT EST FAUX, PRODUISONS DU FAUX »

Cette façon de concevoir la recherche, le savoir, la connaissance par le jeune marocain, est indissociable de sa façon d'être-dans-le-monde, de concevoir les relations, le Temps, l'Espace, le Langage. Nous l'avons déjà vu : pour lui tout est Faux et « puisque tout est faux, puisque tout est illusion, produisons du faux, produisons de l'illusion du savoir ».

Pire : à cette conviction s'ajoute un sentiment fort : les choses, depuis le début (école, institutions, université) ont été faites *sans lui*, il n'est donc pas obligé de… Il est même persuadé que les choses ont été faites *contre lui* et *contre le savoir* !

Ce qui n'est pas tout à fait faux si l'on se place dans une perspective politique et historique.

Un haut responsable avait, un jour de sainte colère, devant les revendications sociales et politiques des enseignants, juré d'avilir l'enseignement et d'affamer l'enseignant : l'élève et l'étudiant n'y ont pas échappé. Effectivement, les vingt années qui ont suivi cette colère ont été les pires pour le savoir et ses représentants : vingt années d'humiliation, vingt années de plaisanteries les visant et les rabaissant faites par la société même qu'ils servaient ; société elle-même réduite à l'état grégaire et d'insalubrité de toute nature.

Plus récemment, un Ministre a déclaré à qui voulait l'entendre, lui le lauréat des Grandes Ecoles françaises, que l'enseignement des Lettres et des Sciences Humaines était un fardeau pour l'Etat. L'irrespect du savoir est donc déclaré, revendiqué. La sentinelle de la conscience-mémoire collective ne dort jamais : elle reste toujours éveillée. Le ressenti collectif d'un tel irrespect ne peut donc être dépassé. Il reste inscrit dans la chair intuitive de cette mémoire collective.

⋅C⋅
Cyber-langue, Cyber-expression

CROIRE ?!! : LE JEU

En deux décennies, un nouveau Marocain est né : un nouvel apprenant (ou plutôt « désapprenant »). Il est à l'image du SMS qu'il envoie : il va à l'essentiel quitte à sacrifier les règles de la syntaxe et de la clarté sémantique : le quiproquo, le malentendu, l'ambigu ne lui posent plus de problème : tout, croit-il, est toujours rattrapable ; et même si cela n'est pas rattrapable, ce n'est pas la fin du monde (celle dont il voit chaque jour un petit bout sous frome de quelque cataclysme et quelque meurtre sordide). « Et de toute façon « Tout est jetable ; tout va être jeté dans le Néant final », se dit-il

Son dada ? Son exercice favori ? Créer des mots « impostahils »[6], des mots nouveaux : généralement en mélangeant (créolisant) des mots appartenant à des langues, des registres et des niveaux différents. Cela les valorise à ses propres yeux et lui sert de marqueur de distance vis-à-vis de « l'héritage-patrimoine » linguistique mais aussi culturel. Cet usage vient appuyer son attitude critique à l'égard de tout ce que ses prédécesseurs ont fait ; cet usage de la langue et de l'expression voudrait lui donner de la hauteur par rapport à ces « vieux » qu'il regarde de haut, souvent avec mépris : tel un jeune « trop intelligent » observe en ricanant un vieux niais et trop *lent* pour lui qui croit encore aux vieilleries : *Foi, Valeurs, Éthique*, etc. « Croire à quoi ? » se dit-il le sourire aux lèvres en pensant à la corruption généralisée qui mine le pays, ses Institutions, les cœurs et les esprits : « Tous pourris ! Pourquoi me demander rectitude, loyauté, et effort, à moi, le dernier né ?! », crie-t-il intérieurement ou à la face de ce vieux.

EFFORT *VERSUS* PLAISIRS : MANIPULATIONS DE SURFACE/

---

[6] « Impostahils » est la combinaison de « impossible » et « moustahil » (« impossible »en arabe)

DISPARITION DE L'ESPRIT DIALECTIQUE

Les médias classiques et les nouvelles technologies d'information et de communication effacent en quelques minutes ou quelques heures ce que l'école et l'université mettent des jours et des mois à enseigner, « graver ». L'effort d'enseignement est balayé par le plaisir du divertissement : une génération qui déteste tellement l'effort du savoir qu'elle en arrive à le mépriser et en mépriser le détenteur : cet enseignant déjà en bas de l'échelle de l'estime sociale.

Ces nouvelles machines annihilent, d'après les dernières recherches sur la question[7], certaines fonctions cognitives du cerveau : celles qui mettent à contribution l'analyse critique, analytique, synthétique et qui favorisent la concentration, et partant, l'approfondissement, le questionnement méthodique et dialectique ; lesquelles fonctions mènent à la conceptualisation essentielle.

Bref, ces jeunes « peuvent manipuler plusieurs informations à la fois. Ils ne connaissent, ni n'intègrent, ni ne synthétisent comme nous » (Serres, p.13)

Ce sont des manipulateurs de surfaces.

Il serait intéressant de savoir les modes et les rendus de cette manipulation. Dans tous les cas, elle semble rester à la surface des choses et des données : éphémère et sans impact durable : sorte de *jeu de saut* sur les pages/plages du Net : sorte de gymnastique (plus oculaire qu'intellectuelle), d'arpentage topographique, de passage associationniste mais décousu, discontinu, a-taxique, lui aussi, comme leur langage, comme leur expression.

---

[7] Voir rapports de l'Agence Nationale de la Sécurité Sanitaire Française sur l'usage des téléphones mobiles et l'effet les radiofréquences sur les fonctions cognitives des enfants.

Infirmité primaire

Les rapports sont clairs et sans ambigüité: ceux du Conseil Supérieur de l'enseignement, du Haut Commissariat au Plan, des commissions du Ministère de l'Education nationale et de l'enseignement Supérieur, en plus des rapports internes faits par les enseignants de tous les niveaux de la scolarité : l'élève, puis l'étudiant, ne sait plus écrire, lire la langue qu'il utilise pour apprendre (le français, l'anglais, l'espagnol et même l'arabe)! Les productions écrites et orales se passent de tout commentaire et laissent sans voix !!!

Le savoir ne passe plus. Il s'arrête au seuil même de sa transmissibilité : la langue.

Avec cet handicape, avec cette infirmité fondatrice (cause) de toutes les autres infirmités, l'apprenant universitaire fait du surplace et du semblant ! S'il avance, c'est à une vitesse très lente.

Cette *infirmité primaire*, ralentit, bloque donc, à son tour, toutes les autres compétences fondamentales : celles qui fondent l'autonomie de l'étudiant et font de lui une entité pensant par elle-même et fabriquant elle-même ses outils et ses stratégies d'apprentissage dès les premiers mois. Je veux parler des compétences suivantes : l'écriture méthodique, la lecture méthodique, le penser méthodique qui sont censés favoriser les autres compétences cognitives et de recherche : les savoirs théoriques, méthodologiques et épistémologiques.

Langue dé-lexicalisée, ataxie, néologismes

Les jeunes Marocains écrivent autrement. Leurs textes sont des « textos » faits d'un mélange de *darija*, de français approximatif, parfois, d'anglais tout aussi approximatif et d'images exprimant leurs émotions, leurs sentiments (émoticons, smileys).

Les accords en genre, en nombre, en mode deviennent secondaires, non-pertinents ; leur syntaxe est indicative, parataxique et leur lexique (parfois inventif) puise dans ce qu'ils peuvent trouver « devant eux » pour « confectionner », séance tenant (ou plutôt, doigts tenant) un mot hybride mais utile et immédiatement compréhensible, immédiatement oublié. Principe directeur de ces textes-textos : économie et lisibilité immédiate, même approximative. Ecrire méthodiquement en suivant une démarche, une progression, une logique est un exercice pénible, voire impossible : « Après tout, se disent-ils, à quoi cela servirait toutes ces complications grammaticales ?! A rien !!»

Ecrire, connaître autrement : l'émoticon : Langue de l'immédiat, expression du confus, du futile

Leur langue ? Leur Expression ?

Elles sont faites de lexiques empruntés à diverses langues et de syntaxe utilitaristes pseudomodernes : ils utilisent, parfois écrite en alphabet latin, la *darija*, (dialecte marocain) cette langue de l'immédiat, de la communication immédiate[8].

---

[8] Certains esprits éclairés ou téléguidés voudraient en faire une langue d'enseignement et de science !! ; comprenez : on voudrait instaurer un rapport déterminé avec le monde, soi, Autrui, le langage, le Savoir. En effet, le long débat qui a marqué les années 2010-2013 sur la langue d'enseignement et la proposition de la *darija* comme langue de savoir est un débat aux visées maléfiques claires ; cette proposition est la pire des propositions depuis l'indépendance du Maroc : elle déclare une guerre franche au savoir et à son esprit ; elle est la ruine même de toute méthode-langue de savoir ; pire : elle enferme l'apprentissage dans l'enclos (la prison du *savoir pratique*, commun : celui qu'on peut *dire*, « formuler » avec les mots de tous les jours !. Le projet d'enfoncer le jeune Marocain, la jeune Marocaine dans les méandres de l'approximatif, du confus et en même temps du futile est désormais claire, net. Les manuels scolaires proposés cette années 2018 avec leurs

Leur langue et leur expression sont, elles, déjà modelées sur le lexique dé-lexicalisé et la syntaxe a-taxique de la publicité, du clip ou encore de la nouvelle chanson-musique (arythmique, atonale).

Le jeune Marocain de vingt ans écrit donc autrement, car il connaît autrement.

La phrase comme structure logique de mots et d'idées lui pose problème. Il a recours à l'idéogrammatique, appelé de façon moderne « émoticon » : sortes de figures censées représenter des émotions, réactions, rarement des idées. Chose normale : le *pathos* a pris le dessus sur le *logos*. Mieux, ou plutôt pire : à mesure que l'objet technologique se développe, se perfectionne, le jeune Marocain suit, réapprend de nouveaux idéogrammes : du statique à l'animé, il passe de l'émotion à sa figure ; l'émotion, le sentiment deviennent un jeu : *homo ludens* mais sans affect réel ; affect emprunté et sans prégnance émotive, sans adhésion et sans adhérence.

UN NOUVEAU DICTIONNAIRE PRAGMATIQUE : LE SAVOIR UTILE

Un nouveau dictionnaire se met en place en lui : non pas dictionnaire de mots (un lexique) mais un dictionnaire de « figures » qu'il apprend pour la circonstance et les oublie dès qu'il change d'appareil, de programme, d'application. Les nouveaux mots, c'est rarissime qu'il en apprend sinon par nécessité pratique.

Immense paradoxc : plus les années passent, moins il apprend ; on dirait qu'il désapprend même le langage écrit, la pensée écrite, construite à coups de liens (grammaticaux et logiques) et à coups de relations dialectiques faisant les idées et leur négation même. À ce rythme la pensée spéculative, réflexive et nécessairement dialectique disparaitra au profit d'un

---

contenus appelés ironiquement « baghrira », confirme l'intention ferme de détruire les compétences cognitives du petit marocain.

concrétisme absolu : un mot= une chose. Ce hyper-matérialisme a pour substrat un certain téléologisme : tout acte a une finalité immédiate, un gain matériel ; à ce rythme, la poésie, l'art disparaitront (ou alors il sera restreint à quelque installation mimétique ou quelque performance se confondant à la lettre avec le réel).

Le savoir, la connaissance seront utiles ou ils ne le seront pas. Ils doivent servir immédiatement, sinon ce sont des savoirs et des connaissances inutiles.

LA PAGE-ÉCRAN : UN DOIGT, UN ŒIL ET UN CERVEAU DE CAPTURE

Devant la page-écran, celle de l'ordinateur, celle du téléphone portable ou de la tablette, le corps du jeune apprenant ne garde que le *bout des doigts*, un *œil* (l'autre œil étant rivé sur le monde comme objet de prédation) et –étant donné la vitesse de défilement- un cerveau superficiel de *capture* et non d'analyse.

La page, jusqu'à un passé très récent, « unité spatiale de perception, d'action, de pensée, de projet » (M.Serres, p.32), est remplacée par une sorte de rouleau déroulant virtuel.

La virtualité de l'espace et sa vitesse induisent nécessairement d'autres fonctions de perception-cognition : capture, copie segmentée, association, combinaison, ligature (dit aussi « lien » dans le langage informatique). C'est tout. Encore faut-il que ces « opérations de liaison » soient bien faites en l'absence des compétences de pensée appuyées, lors de l'exploitation écrite des pages consultées, par une langue correcte et une syntaxe valable.

-D-

POUR CONCLURE : ÉLOGE DE LA LENTEUR

Intériorité du savoir *vs*
Extériorité du savoir

Trop de savoir en dehors de soi rend indifférent, distant. C'est que le savoir a été jusqu'à la fin du siècle passé (et devrait le rester) : *imprégnation*, *assimilation*, presque *fusion* : le savoir est dans le corps/ l'Être de celui qui le possède : il l'habite. Le « sachant » (je ne parle du savant) *est* le savoir qu'il construit dans l'*effort*, la *patience*, la *durée*, c'est-à-dire l'égrènement des minutes, la lente succession du jour et de la nuit, des semaines et des mois et leur équivalent en dépense d'énergie (physique, mentale, psychique). Le savoir est/était l'anti-vitesse par excellence. Le savoir est un lent dépôt et un lent travail de manipulation intérieure.

La machine computative-associatrice-compilatrice de l'Internet, elle, est dans la vitesse d'accès, de déplacement et de survol. Le savoir qu'elle manifeste, affiche est pure extériorité. La métaphore de St Denis portant sa tête entre ses mains proposée par M. Serres (p.27-29) est d'une justesse redoutable : à l'aide d'un petit PC ou d'un téléphone portable, le savoir, sa quantité incommensurable, son traitement sont là devant moi, à portée de main, à portée de doigts. Le jeune apprenant s'étonne : « Pourquoi se fatiguer à mémoriser, assimiler, comprendre ?! Pure perte de temps et d'énergie ! L'imprégnation, l'assimilation, est un mythe ; il faut le détruire !»

Le jeune explique encore : « Le savoir est là, devant moi, en dehors de moi, classé, léger, rapide ; j'en prends ce qui me sert. Le reste je l'oublie, je le jette. Mieux : même ce dont je me sers je l'oublie dès après usage ; nul besoin de le garder en moi. Je deviens moi-même médiateur de quelque chose qui passe à toute vitesse à travers moi. Moi : surface fragile, destructible, mortelle. Car en fin de compte, la vie dans sa totalité, dans la diversité de ce qu'elle manifeste, est uniquement passage d'apparences (sans connotation religieuse, spirituelle à cette idée-sentiment-ressenti) : d'ailleurs, la terre tout entière peut se résorber instantanément sous l'effet de quelque catastrophe stellaire.

Savoir machine/ savoir-corps : Temps, durée, lenteur

En fait, ces nouvelles technologies, elles n'ont pas tué le savoir mais le *temps*, la *durée* que nécessite son *inscription* dans le corps et par le corps.

Sans vouloir être nostalgique, l'écriture à la plume d'encre (jusqu'au début des années 80) imposait un temps du tracé et du traçage. L'application que cela exigeait, engageait, elle, tout le corps : les yeux, les mains, la concentration mentale et l'adresse musculaire : une partie de l'esprit passait dans les mains et le corps dans sa totalité, gardait profondément mémoire des applications et efforts successifs. L'esthétique (l'adresse et l'art de la belle écriture) était inévitablement de mise, au moins momentanément, ou occasionnellement.

La venue du stylo à bille, dit aussi « bic », a accéléré l'écriture, réduit le temps de l'application pour ne pas dire qu'il a définitivement supprimé celle-ci. Le plus important est désormais l'identifiabilité-lisibilité des lettres et des mots.

Cependant la *page* restait, dans le premier cas comme dans le deuxième, le repère, le cadre de la scription, du traçage, l'espace de composition matérielle. Le corps, la main s'y mouvaient en respectant les règles minimales de l'application. Ils en gardaient un impact plus ou moins profond.

Savoir machine/ savoir-corps : le supplément d'humain

L'enseignant ne fait « qu'oraliser des livres » en papier ou en format informatique. Cela est vrai. Mais il y a ce supplément d'humain et de méta-savoir dont les jeunes ne veulent plus ou qu'ils ne supportent plus. *L'enseignant délivre un savoir et un savoir sur le savoir* ; il délivre un savoir et montre comment il se construit, comment lui, il le reconstruit ; il présente également de façon critique et dialectique un savoir et tous les savoirs qui l'ont rendu possible. Enfin, l'enseignant délivre un savoir-corps.

Les nouvelles technologies de l'information et de la communication si elles peuvent remplacer le savoir livresque, elles ne peuvent remplacer le savoir parallèle qui l'érige en *savoir vivant*. Mieux : elles ne peuvent remplacer le savoir-être du médiateur-Homme. C'est par lui qu'il est « savoir humain ». Le savoir-machine est sans passion, sans défaut, sans erreur, incommensurable ; or, ce sont la *passion*, le *défaut*, *l'erreur* et *l'incomplétude* qui sont le moteur de la recherche (du meilleur) et non Google.

On le sait, le savoir que ces jeunes vont apprendre, le cours auquel ils vont assister (programmé qu'il est par un calendrier de séances, mis à disposition en ligne quelques mois auparavant sur un site d'université, régulièrement mis à jour), il est déjà là dans leur boîte: ils peuvent le lire, l'avoir lu dans un sens ou dans l'autre, il y manquera toujours quelque chose : ce supplément d'humain fait de bafouillage, de passion, d'incomplétude, de défaut et d'erreur qui crée la possibilité de pouvoir-faire-mieux ou tout simplement de pouvoir-combler-corriger et qui est justement *l'essence du vouloir-connaître*.

Nota bene : je ne parle pas ici des enseignants-dicteurs ; (ceux qui dictent des livres ou des sites), mais de « ceux qui sentent le lin parce qu'ils travaillent le lin » (Prévert), ceux qui s'imprègnent du savoir à transmettre à force de le travailler et de le retravailler : ceux qui le font passer par leurs veines, leurs tripes, leur cœur et leurs humeurs. Je parle de ceux qui savent optimiser ce nouvel outil du savoir pour le rendre vivant et vivable ; bref, *ceux qui donnent à la machine une chair et des nerfs*. Même l'abstraction-conceptualisation nécessite un corps et une corporalité.

ABSTRACTION = CHAIR DU SAVOIR

A notre sens, nous avons encore besoin de la pensée abstractive-conceptualisatrice. Il est vrai que ces nouvelles technologies offrent l'accès à volonté, la vitesse, la computation mais pas la réflexion : le moteur de recherche ne peut pas « remplacer l'abstraction » et nous avons encore besoin du concept.

Il est également vrai que « pratique et théorique, cette nouveauté (les NTIC) redonne dignité aux savoirs de la description et de l'individuel » (M.Serres, p.46), mais la description et l'individuel seront toujours *faux*, *empruntés* (fausse description, faux individuel) sans réflexion méthodique, sans questionnement allant de la donnée à sa classe-catégorie, du phénomène à son essence et du paraître à l'Être. Enfin, à notre avis, « si l'on découpe la réalité vivante de manière analytique » (M.Serres, p.47), elle ne meurt pas : *l'abstrait n'est pas le contraire du concret* et n'est pas l'équivalent de la mort. *L'abstrait en est le prolongement essentiel* : celui qui révèle la texture-topographie cachée du concret et qui provoque l'étincelle de la découverte-innovation-création. La raison erratique n'est pas l'opposé de la raison ordonnée, classée : une dialectique les unit : dans leur frottement apparait l'idée nouvelle, l'objet nouveau.

La salle de classe (classificatrice), comme le médiateur-corps du savoir doivent continuer à exister comme le nerf (électrique et humoral) dans la chair du vivant. C'est par eux que le savoir a une *odeur*, une *couleur* et une *saveur*.

Fès, juillet-septembre 2018

Table

www.ingramcontent.com/pod-product-compliance
Lightning Source LLC
Chambersburg PA
CBHW020510160726
47991CB00007B/2890